대원키즈

글 전판교

2000년 만화가로 데뷔한 후, 어린이를 위한 글을 쓰고 있습니다.
어린이의 정서와 눈높이에 맞춘 재미있는 스토리 속에 필수 상식과 학습 등의
유익함을 주고자 연구하고 있습니다.
펴낸 책으로는 〈우리들의 MBTI〉, 〈악동 김블루의 친절한 과학〉,
〈쿠키런 킹덤 전설의 언어술사 시리즈〉, 〈카카오 레벨업 속담〉 등이 있습니다.

 그림 옥토끼 스튜디오

최진규, 박지영으로 구성된 부부 만화 공작단 [옥토끼 스튜디오]에서
아이들을 위한 애니메이션북, 웹툰, 학습만화, 일러스트삽화 등
다양한 장르의 그림을 그리고 있습니다.
주요 작품으로는 〈요괴워치〉, 〈나의 히어로 아카데미아 필름북〉,
〈비마이펫 멍냥연구소〉 편집북과 〈문방구tv 코믹툰〉, 〈신비아파트 OX 사전〉,
〈웃음이 말걸기〉 등이 있고 현재는 〈몰랑이〉 시리즈를 그리고 있습니다.

몰랑말랑 찰떡같이 써먹는 속담

글 전판교
그림 박지영
원작 하얀오리

구성 미리보기

1. 속담 표현 익히기

쓰임새 많은 필수 속담 표현과 뜻을 익혀요.

뛰어 봐야 벼룩이지

도망쳐 봐야 크게 벗어날 수 없다는 뜻이에요.

2. 자연스럽게 써먹기

만화 속 생생한 일상 대화를 통해 생활 속에서 어떻게 쓰는지 자연스럽게 배워요.

시작이 반이랬어! 일단 시작을 해야 숙제가 끝나지!

알았어~ 일단 샤워부터 하고….

빨리 씻고 시작해.

귀여운 몰랑이들의 일상을 한 장 한 장 읽다보면 바로 써먹을 수 있는 어휘력이 쑥쑥! 자라나요. 〈생활 속 초등 어휘 키우기〉 시리즈로 여러분의 어휘력을 쉽고 재미있게 키워 보세요.

3 말랑말랑하게 익히기

귀여운 몰랑이들과 함께 재미있게 배워요.

4 확실하게 다지기

배운 내용은 복습 퀴즈를 풀며 다시 한 번 학습해요.

등장인물 소개

몰랑이

여유롭고 엉뚱한 성격의
무한 긍정토끼.
특유의 성격 때문에 매사에 여유롭다.
가끔은 지나치게 여유로운 탓에
피우피우에게 잔소리를 듣기도 한다.

피우피우

보송보송하게 생긴 외모와 달리,
한번 화가 나면 무서운 모습이 나오는
반전 매력이 있다.
주변을 깨끗이 청소하고 정돈하는 것을
좋아해서 몰랑이와 친구들이
어질러놓은 것을 정리해주곤 한다.

갈색이

순둥순둥하고 느긋한 성격.
먹는 걸 세상에서 제일 좋아한다.
가훈은 무려 '먹는 건 절대 양보하지
않는다!' 재능을 살려 먹방 유튜버로도
활동 중이다.

회색이

짓궂은 장난을 좋아하는 말썽꾸러기.
겉보기에는 얄밉고 이기적일 때도
있지만, 알고 보면 속 깊고 잔정이 많아
미워할 수 없는 친구다.
모든 걸 잘하는 얼룩이에게
라이벌 의식을 갖고 있다.

얼룩이

공부도 1등, 운동도 1등, 심지어
성격도 좋고 게임까지 잘하는 완벽한
모범생! 하지만 근사한 겉모습과는
달리 남모르는 비밀이 있는 친구.
까칠해 보이는 회색이에게
깊은 속마음을 털어놓게 된다.

차례

01 시작이 반이다 · 14
02 개도 먹을 때는 안 건드린다 · 16
03 눈 코 뜰 새 없다 · 18
04 뛰어봐야 벼룩이지 · 20
05 산 넘어 산이다 · 22
06 마른 하늘에 날벼락 · 24
07 꼬리가 길면 밟힌다 · 26
08 동에 번쩍 서에 번쩍 · 28
09 병 주고 약 준다 · 30
10 믿는 도끼에 발등 찍힌다 · 32
11 걱정도 팔자다 · 34
12 바늘 가는 데 실 간다 · 36
13 설마가 사람 잡는다 · 38
14 아는 길도 물어 가라 · 40
15 아니 땐 굴뚝에 연기 날까 · 42
16 도둑이 제 발 저리다 · 44
17 구슬이 서 말이라도 꿰어야 보배 · 46
★ 복습퀴즈 · 48
18 남의 잔치에 감 놓아라 배 놓아라 한다 · 50

19 모기도 낯짝이 있지 · 52
20 수박 겉 핥기 · 54
21 공자 앞에서 문자 쓴다 · 56
22 눈 가리고 아웅한다 · 58
23 단맛 쓴맛 다 보았다 · 60
24 못 먹는 감 찔러나 본다 · 62
25 벼룩의 간을 내먹는다 · 64
26 사서 고생한다 · 66
27 싸움은 말리고 흥정은 붙이랬다 · 68
28 간에 붙고 쓸개에 붙는다 · 70
29 뛰는 놈 위에 나는 놈 있다 · 72
30 꾸어다 놓은 보릿자루 · 74
31 김칫국부터 마신다 · 76
32 낙타 바늘구멍 들어가기 · 78
33 늦게 배운 도둑질에 날 새는 줄 모른다 · 80
34 눈에 넣어도 아프지 않다 · 82
★ 복습퀴즈 · 84
35 달도 차면 기운다 · 86
36 뜻이 있는 곳에 길이 있다 · 88

| 37 | 매도 먼저 맞는 놈이 낫다 · 90
| 38 | 백 번 듣는 것이 한 번 보는 것만 못하다 · 92
| 39 | 변덕이 죽 끓는 듯하다 · 94
| 40 | 새 발의 피 · 96
| 41 | 서당 개 삼 년이면 풍월을 읊는다 · 98
| 42 | 귀신 씻나락 까먹는 소리 · 100
| 43 | 쇠뿔도 단김에 빼라 · 102
| 44 | 가재는 게 편이다 · 104
| 45 | 고양이 목에 방울 달기 · 106
| 46 | 개구리 올챙이 적 생각 못 한다 · 108
| 47 | 놓친 고기가 더 크다 · 110
| 48 | 누워서 떡 먹기 · 112
| 49 | 달밤에 체조한다 · 114
| 50 | 되로 주고 말로 받는다 · 116
| 51 | 밑 빠진 독에 물 붓기 · 118
★ 복습퀴즈 · 120
| 52 | 번갯불에 콩 볶아 먹겠다 · 122
| 53 | 빛 좋은 개살구 · 124
| 54 | 귀신 곡할 노릇 · 126
| 55 | 고양이 쥐 생각한다 · 128

| 56 | 시장이 반찬이다 · 130
| 57 | 사람 위에 사람 없고 사람 밑에 사람 없다 · 132
| 58 | 십 년이면 강산도 변한다 · 134
| 59 | 꿩 대신 닭 · 136
| 60 | 금이야 옥이야 한다 · 138
| 61 | 가뭄에 콩 나듯 한다 · 140
| 62 | 둘이 먹다가 하나가 죽어도 모르겠다 · 142
| 63 | 목마른 놈이 우물 판다 · 144
| 64 | 뱁새가 황새 쫓다가 가랑이 찢어진다 · 146
| 65 | 따 놓은 당상 · 148
| 66 | 감나무 밑에 누워 감 떨어지기를 기다린다 · 150
| 67 | 구렁이 담 넘어가듯 한다 · 152
| 68 | 까마귀 날자 배 떨어진다 · 154
| 69 | 개똥도 약에 쓰려면 없다 · 156
| 70 | 도랑 치고 가재 잡는다 · 158
★ 복습퀴즈 · 160
★ 찾아보기 · 162

2. 개도 먹을 때는 안 건드린다

음식을 먹고 있는 사람을 건드려서는 안 된다는 말이에요.

4 뛰어 봐야 벼룩이지

도망쳐 봐야 크게 벗어날 수 없다는 뜻이에요.

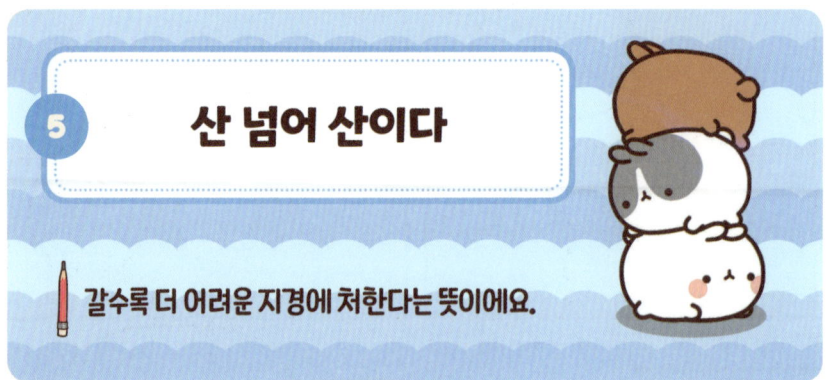

5. 산 넘어 산이다

갈수록 더 어려운 지경에 처한다는 뜻이에요.

6. 마른 하늘에 날벼락

뜻하지 않게 큰 재앙에 처한다는 뜻이에요.

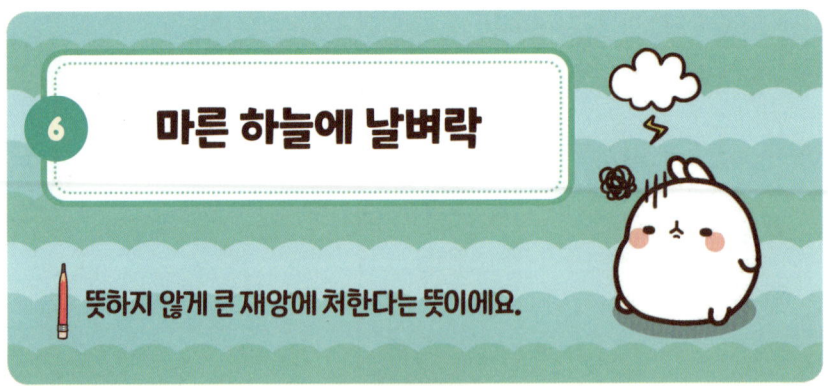

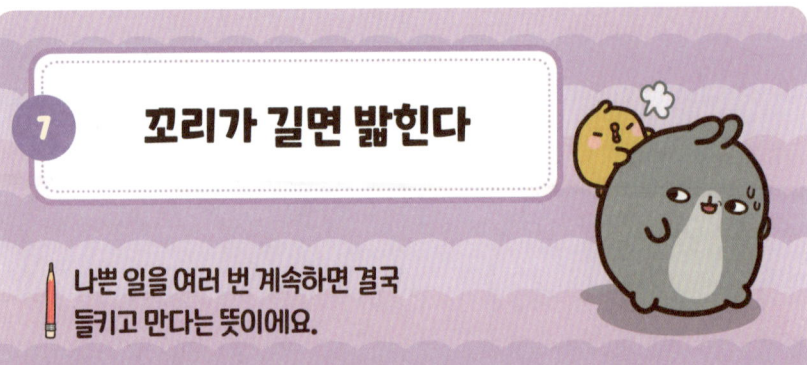

7 꼬리가 길면 밟힌다

나쁜 일을 여러 번 계속하면 결국 들키고 만다는 뜻이에요.

8. 동에 번쩍 서에 번쩍

이곳저곳에서 나타난다는 말이에요.

9 병 주고 약 준다

남을 해치고 나서 약을 주며 돕는다는 뜻이에요.

10. 믿는 도끼에 발등 찍힌다

믿었던 대상이 배신했을 때 쓰는 말이에요.

11. 걱정도 팔자다

하지 않아도 될 걱정을 하거나 사소한 걱정까지 할 때 쓰는 말이에요.

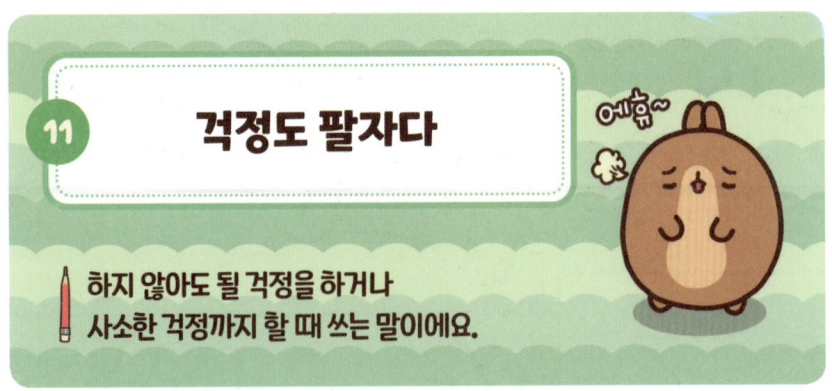

안절~ 부절~

왜 그래?
무슨 일 있어?

지구 말야…
갑자기 멸망하면
어떡하지?

그럼
맛있는 것도
못 먹잖아.

덜~ 덜~ 덜~

12 바늘 가는 데 실 간다

바늘과 실이 서로 함께 다니는 것과 같이 떨어질 수 없는 관계를 뜻해요.

뭐 해?

내일 소풍 가려고 김밥 만들어.

휴우~ 다 만들었다~

나도 가는 거지?

13 설마가 사람 잡는다

✏️ 그럴 리 없겠지 하고 마음을 놓았다가 크게 탈이 난다는 말이에요.

아이고 배야~ 왜 이렇게 배가 살살 아프지?

배 아파? 빨리 병원에 가자!

아냐, 괜찮아. 설마 무슨 일이야 있겠어?

설마가 사람 잡는다잖아! 빨리 병원에 가자고!!

아… 아냐. 금방 괜찮아질 거야.

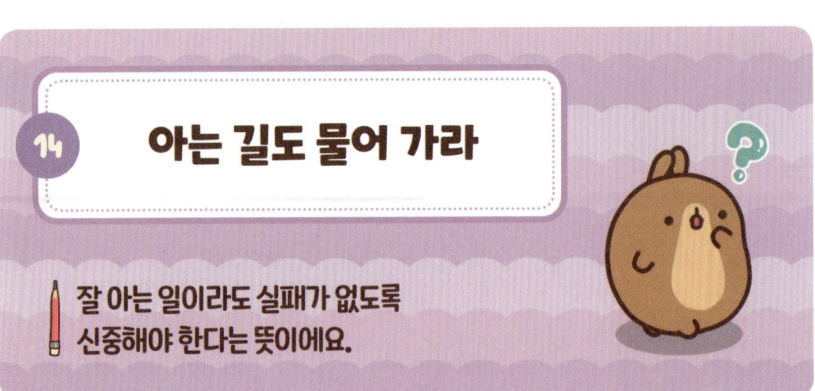

15 아니 땐 굴뚝에 연기 날까

원인이 없으면 결과도 없다는 뜻이에요.

16 도둑이 제 발 저린다

✏️ 죄를 지은 사람이 자신의 죄가 드러날까 무서워 저도 모르게 지은 죄를 드러낸다는 말이에요.

"지금부터 범인을 가려내겠다."

"이 항아리에는 마법의 물이 들어 있어서 범인의 손에는 먹물이 묻게 되어 있지."

"자, 한 명씩 나와서 이 항아리 속에 손을 넣어 봐."

17. 구슬이 서 말이라도 꿰어야 보배

아무리 좋은 것이라도 쓸모 있게 만들어 놓아야 값어치가 있다는 뜻이에요.

— 내일 축구 시합인데 연습 안 해도 돼?

— 우하하하~! 걱정 마시라!

— 너네 내가 축구 잘하는 거 알지? 나만 믿으라고!

— 회색이 축구 잘해. 걱정 안 해도 돼.

— 그럼~ 그럼~ 나만 믿으라구~!

냠~ 냠~

서로 이어지는 말들을 골라서 선으로 이어 보세요.

꼬리가 길면 •	• 약 준다.
동에 번쩍 •	• 팔자다.
시작이 •	• 밟힌다.
걱정도 •	• 벼룩이다.
병 주고 •	• 서에 번쩍
뛰어봐야 •	• 반이다.

복습 퀴즈 2

빈칸에 알맞은 글자를 채워 그림에 맞는 속담을 완성하세요.

☐ 도 먹을 때는 안 건드린다.

마른 하늘에 ☐☐☐

☐☐ 이 제 발 저린다.

☐☐ 가 사람 잡는다.

*정답은 164쪽에서 확인하세요.

18. 남의 잔치에 감 놓아라 배 놓아라 한다

자기와 전혀 상관없는 일에 공연히 참견할 때 쓰는 말이에요.

"우와~ 굴비 맛있겠다~!"

"잠깐!!"

"굴비는 물에 만 밥에 먹어야 제맛이거든~!"

"나 말아 먹는 거 싫어하는데….", "어?", "흥건~"

19 모기도 낯짝이 있지

염치없고 뻔뻔스러움을 뜻하는 말이에요.

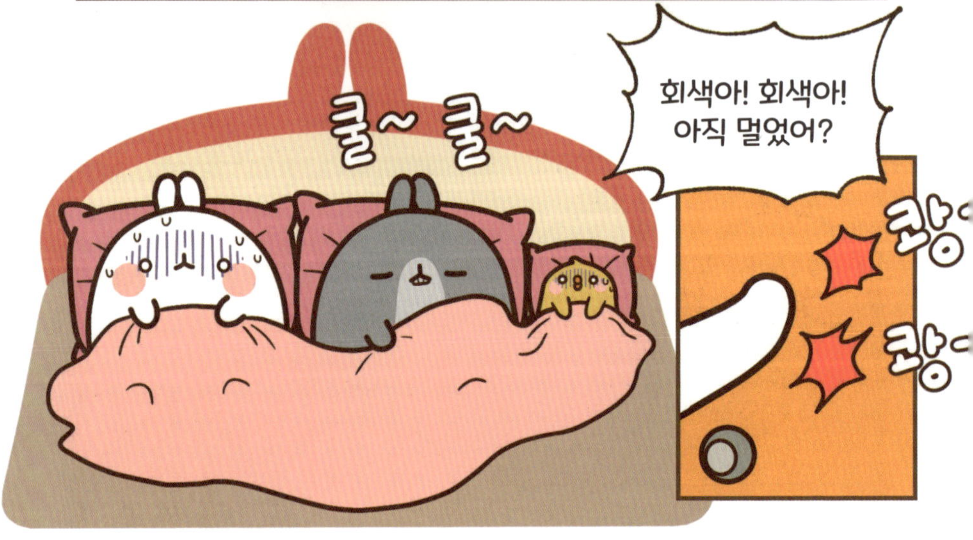

20 수박 겉 핥기

✏️ 일의 내용도 모르고 건성으로 그 일을 하는 척할 때 쓰는 말이에요.

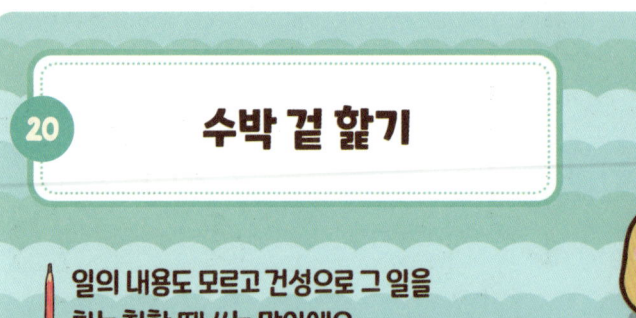

21 공자 앞에서 문자 쓴다

지식이 부족한 사람이 가소롭게도 자기보다 유식한 사람 앞에서 아는 체하는 것을 말해요.

내가 이번에 수영을 시작했는데 말이야.

선생님이 내가 수영을 너~무 잘한다는 거야.

너희들 자유형 알아?

자유형은 발차기를 잘하는 게 중요하다구.

오~.

파닥- 파닥- 파닥- 파닥-

22 눈 가리고 아웅한다

✏️ 결코 넘어가지 않을 얕은 생각으로 남을 속이려 한다는 뜻이에요.

23 단맛 쓴맛 다 보았다

세상의 여러 가지 일을 다 겪었다는 뜻이에요.

24 못 먹는 감 찔러나 본다

일이 자기한테 불리할 때 심술을 부려 훼방을 놓을 때 쓰는 말이에요.

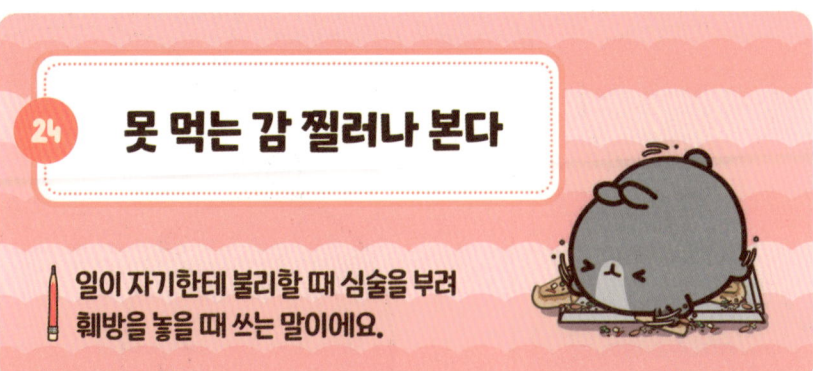

25. 벼룩의 간을 내먹는다

어려운 처지에 놓인 사람에게서
작은 이익까지 가지려 한다는 뜻이에요.

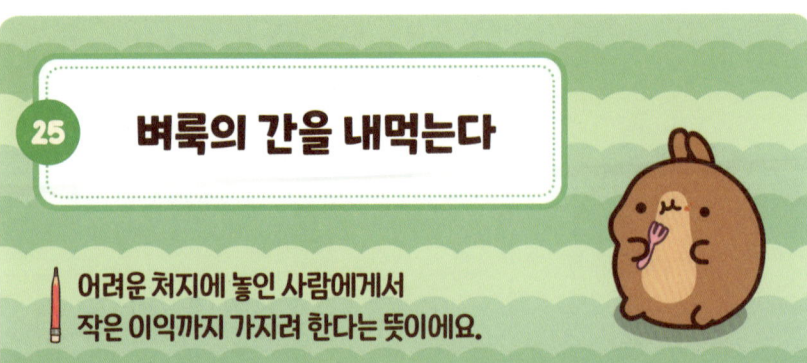

26 사서 고생한다

힘든 일을 괜히 자신이 만들어서 고생한다는 뜻이에요.

28 간에 붙고 쓸개에 붙는다

자기에게 이로운 쪽으로 붙어 아첨하는 사람을 두고 이르는 말이에요.

게임은 역시 총 쏘는 게 최고지!

맞아 맞아.

무슨 소리야. 게임은 축구가 최고야!

그렁!! 그렁!! 축구가 최고지.

그럼 2:2니까 회색이 선택에 맡기자. 어때?

난 찬성!

그럼 회색이가 찾아오는 쪽이 이기는 거다.

찬성!

29 뛰는 놈 위에 나는 놈 있다

✏️ 아무리 재주가 있어도 그보다 나은 사람이 있으니 너무 자랑하지 말라는 뜻이에요.

우하하하~ 딱지치기는 나한테 안 된다니까!

히잉~ 다 잃었어.

어? 딱지치기다.

얼룩아~.

얼룩이 너도 한번 해볼래?

내가 살살 봐주면서 할게~.

30 꾸어다 놓은 보릿자루

여러 사람이 웃고 떠드는 가운데 혼자 묵묵히 앉아 있는 사람을 이르는 말이에요.

31 김칫국부터 마신다

남의 속도 모르고 자기 짐작으로 미리 그렇게 될 것으로 믿고 행동할 때 쓰는 말이에요.

몰랑이의 생일날

안녕, 피우피우! 오늘 좋은 일 없어?

좋은 일? 무슨 일?

왜? 오늘 무슨 날이야?

아… 아냐 아무것도….

이상하다? 분명히 며칠 전부터 친구들이랑 뭔가 일을 꾸미는 것 같았는데….

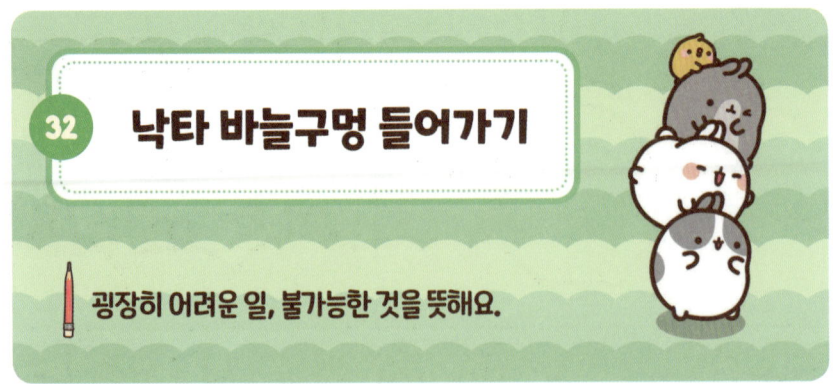

32 낙타 바늘구멍 들어가기

굉장히 어려운 일, 불가능한 것을 뜻해요.

33 늦게 배운 도둑질에 날 새는 줄 모른다

늦게 시작한 일에 푹 빠진 사람을 말해요.

안 자?!

먼저 자. 조금만 더 하고 잘게.

갑자기 웬 뜨개질? 내일 학교 늦어도 난 모른다.

으악!! 늦었다!!

학교 다녀올게!!

쯧쯧….

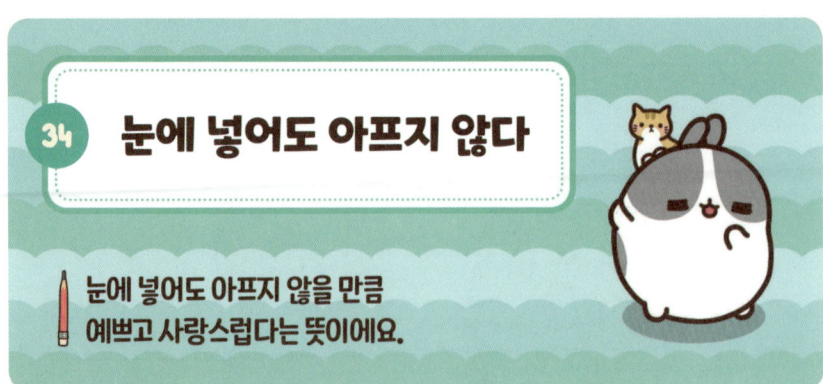

다음 그림을 보고 속담 속 초성의 낱말을 맞혀 보세요.

눈 가리고 ㅇㅇ한다.

공자 앞에서 ㅁㅈ쓴다.

ㄴ에 넣어도 안 아프다.

ㅂㄹ의 간을 빼먹는다.

괄호 안에 들어갈 알맞은 단어를 말풍선 안에 쓰세요.

뛰는 놈 위에 ( ) 있다.

싸움은 말리고 ( )은 붙이랬다.

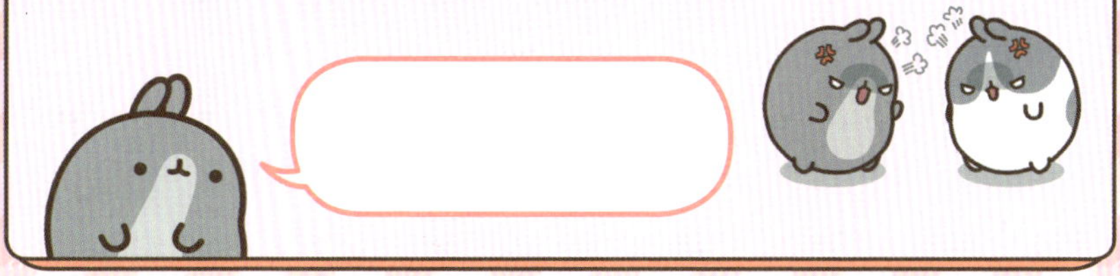

단맛 쓴맛 다 ( )

못 먹는 감 ( )

*정답은 164쪽에서 확인하세요.

35 달도 차면 기운다

세상 만물에는 잘될 때와 안 될 때가 있다는 말이에요.

요즘 안 좋은 일만 계속 생기네…. 난 운이 없나 봐.

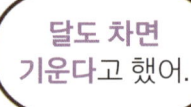

달도 차면 기운다고 했어.

안 될 때가 있으면 잘될 때도 있는 거야.

기운 내~. 분명히 좋은 일이 일어날 거야.

아니야. 나한테 좋은 일이 일어날 리가 없어….

….
….

36 뜻이 있는 곳에 길이 있다

어떤 일을 이루려고 할 때, 강한 의지가 있다면 그 일을 이룰 수 있는 방법은 얼마든지 있다는 뜻이에요.

37 매도 먼저 맞는 놈이 낫다

이왕 겪어야 할 일이라면 먼저 하는 것이 낫다는 뜻이에요.

38. 백 번 듣는 것이 한 번 보는 것만 못하다

무엇이든 여러 번 듣기만 하는 것보다 실제로 한 번 보는 것이 더 확실하다는 뜻이에요.

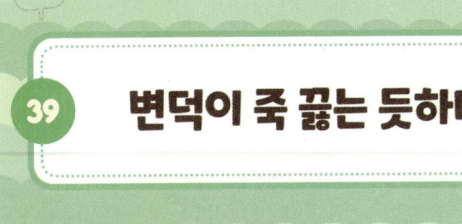

39 변덕이 죽 끓는 듯하다

마음이 이랬다저랬다 잘 변하는 것을 말해요.

아침 뭐 먹을까?

된장찌개?

금방 만들어 줄게.

아니다. 김치찌개 어때?

김치찌개도 좋지~.

40 새 발의 피

✏️ 아주 하찮은 일이나 굉장히 적은 양을 두고 하는 말이에요.

"우리 비도 오는데 귀신 얘기나 해볼까?"

"너희들 귀신 본 적 있어?"

"나 본 적 있어."

"어느 날 집에서 깼는데 귀신이 날 내려다보고 있더라고…."

"무… 무서웠겠다…."

"후훗-."

41. 서당 개 삼 년이면 풍월을 읊는다

무슨 일이든 오래 하고 듣게 되면 모르던 사람도 자연히 알게 된다는 뜻이에요.

- 오늘 점심은 네가 만들어 봐. 맨날 나만 만들잖아.
- 그래. 까짓거 어렵지 않지.
- 오호~ 제법 자신 있나 보네?
- 다 되면 부를 테니까 그때 나와.
- 그 전까진 절대 나오면 안 돼. 알았지?
- 알았어. 걱정 마.

42 귀신 씻나락 까먹는 소리

말이 되지 않는 소리를 할 때 쓰는 말이에요.

진짜야!! 이 숲속에서 외계인을 봤다고!!

귀신 씻나락 까먹는 소리 하고 있네~.

귀신 씻나락 뭐?!

헛소리 하지 말라고~ 외계인이 어딨냐?

그거 다 헛소리야!!

아냐!! 진짜로 여기서 봤어!!

43 쇠뿔도 단김에 빼라

 어떤 일을 하려고 마음먹었으면 주저하지 말고 행동에 옮기라는 뜻이에요.

44 가재는 게 편이다

✏️ 서로 비슷한 것끼리 한 편이 된다는 뜻이에요.

"그건 몰랑이 말이 맞아!"

"피우피우, 넌 왜 끼어드는데!!"

"**가재는 게 편**이라고 지금 한 집에 산다고 편드는 거야?"

"응, 맞아! 몰랑이 편! 그러니까 빌려 간 만화책 빨리 돌려줘."

"나도 보고 싶어서 그래…."

45 고양이 목에 방울 달기

실행하지 못할 것을 공연히 의논할 때 쓰는 말이에요.

— 우리 오늘 밤 파자마 파티 하는 거 어때?
— 좋아! 좋아!
— 나도 좋아.
— …
— 얼른 준비할게~.
— 난 안 돼. 남의 집에서 자는 건 허락하지 않으실 거야.
— 어? 그럼 어쩌지?
— 진짜 안 되는 거야?

46 개구리 올챙이 적 생각 못 한다

성공한 사람이 성공하기 전 어려웠을 때를 생각하지 못하고 잘난 체 할 때 쓰는 말이에요.

47 놓친 고기가 더 크다

사람은 무엇이나 지나간 것을 더 아쉽게 여긴다는 뜻이에요.

하아~ 어릴 때가 좋았던 것 같아.

그때는 학원도 안 다니고 친구들이랑 맘껏 놀 수 있었는데….

….

놓친 고기가 크다고 원래 지나간 게 더 아쉽게 느껴지기 마련이야.

….

아마 어른이 되면 지금 이 순간도 아쉽게 느껴질걸?

48 누워서 떡 먹기

어떤 일을 하는데 전혀 힘들이지 않고 쉽게 할 수 있다는 뜻이에요.

진짜 혼자 집 잘 볼 수 있겠어?

걱정 말고 다녀 와. 모처럼 친구들이랑 여행 가는 거잖아.

가스 잘 잠그고!

문 잘 잠그고!

일층이니까 창문도 꼭 잠그고 자야 돼!

걱정 말라니까~ 집 보는 건 **누워서 떡 먹기**라니까!

49 달밤에 체조한다

상황에 맞지 않는 엉뚱한 행동을 할 때 쓰는 말이에요.

50 되로 주고 말로 받는다

남을 조금 건드렸다가 더 큰 되갚음을 당한다는 뜻이에요.

나 너한테 할 말 있어!

말해. 듣고 있어.

이제 너랑은 같이 못 살겠어.

난 이제 떠날 거야!

에이~ 장난치지 마.

51 밑 빠진 독에 물 붓기

노력을 해도 보람이 없을 때 쓰는 말이에요.

 빈칸의 답을 낱말 상자 속에서 찾아 적으세요.

상황에 맞지 않는 엉뚱한 행동을 해요.

달밤에 ☐☐ 한다.

말이 되지 않는 엉뚱한 소리를 말해요.

☐☐ 씻나락 까먹는 소리

지나간 것은 더 아쉽게 느껴져요.

놓친 ☐☐ 가 더 크다.

서로 비슷한 것끼리 한 편이 돼요.

☐☐ 는 게 편이다.

| 한 | 체 | 국 | 조 | 말 | 귀 | 이 | 신 | 우 | 고 | 나 | 기 | 진 | 가 | 수 | 재 |

빈칸에 들어갈 알맞은 낱말을 골라 보세요.

( )도 차면 기운다.

모든 일에는 잘될 때와 안 될 때가 있어요.

☐ 달
☐ 별

매도 먼저 맞는 놈이 ( )

이왕 겪을 일이면 먼저 하는 것이 나아요.

☐ 낫다.
☐ 아프다.

( ) 발의 피

아주 적은 양을 이르는 말이에요.

☐ 곰
☐ 새

쇠뿔도 ( ) 빼라.

마음먹은 일은 주저 없이 행동으로 옮겨요.

☐ 단김에
☐ 나중에

밑 ( ) 독에 물 붓기

노력을 해도 보람이 없을 때 쓰는 말이에요.

☐ 막힌
☐ 빠진

*정답은 164쪽에서 확인하세요.

52 번갯불에 콩 볶아 먹겠다

✏️ 번갯불에 콩을 볶아 먹을 만큼 빠르고, 성질이 급한 사람의 행동을 말해요.

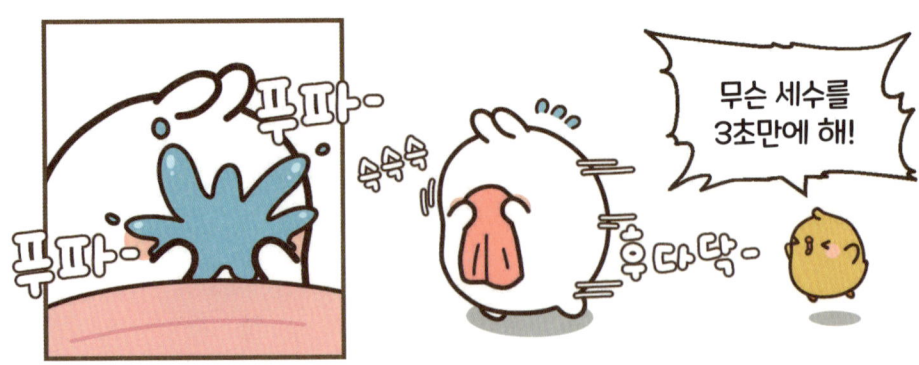

무슨 세수를 3초만에 해!

밥! 밥! 밥!

57 사람 위에 사람 없고 사람 밑에 사람 없다

사람은 모두 평등하고 그 권리나 의무도 똑같다는 뜻이에요.

— 얘기 들었어? 새로 생긴 피자집 피자가 진짜 맛있대!

— 가자! 피자 먹으러!!

— 갈색이는 빼고 가면 안 돼?

— 너무 많이 먹고 느리단 말이야!

— 회색아, 잠깐 나 좀 봐.

— 응? 왜?

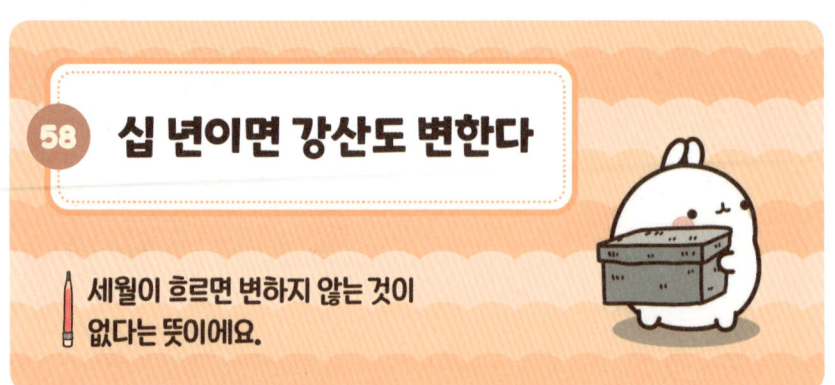

59 꿩 대신 닭

자기가 원하던 것이 없으면 그와 비슷한 것으로 대신 쓴다는 뜻이에요.

60 금이야 옥이야 한다

무엇을 다루는 데 매우 소중하고 귀하게 한다는 뜻이에요.

"아주 **금이야 옥이야** 하는구나."

"이렇게 예쁜 잔에 차를 타 마시면 얼마나 맛있는데~!"

"이거 전처럼 또 깨트리면 안 돼!"

"걱정 마. 손도 안 대."

61 가뭄에 콩 나듯 한다

어떤 일이나 물건이
아주 드문드문 있을 때 쓰는 말이에요.

우리 짜장면 시켜 먹자!

이번 달 돈 많이 써서 안 돼.

너무 **가뭄에 콩 나듯이** 시켜 주는 거 아냐?

언제 먹었는지 기억도 안 난다고~.

히잉.

장보고 올게.

63 목마른 놈이 우물 판다

자기가 급해야 서둘러 일을 시작한다는 뜻이에요.

64 뱁새가 황새 쫓다가 가랑이 찢어진다

자기의 능력과 한계를 무시하고 욕심을 부리면 화를 당할 수 있다는 뜻이에요.

65 따 놓은 당상

✏️ 원하는 대로 될 것이니
조금도 염려하지 말라는 뜻이에요.

66. 감나무 밑에 누워 감 떨어지기를 기다린다

 무슨 일이든 노력 없이 이익을 바랄 때 쓰는 말이에요.

"내일 줄넘기 시험이라며, 연습 안 해?"

"어떻게든 되겠지 뭐…."
(점수 잘 나와야 하는데…)

"연습도 안 하면서 점수는 잘 나오기를 바라는 거야?"

"그런 걸 **감나무 밑에 누워 감 떨어지기를 기다린다**고 하는 거야."

"…."

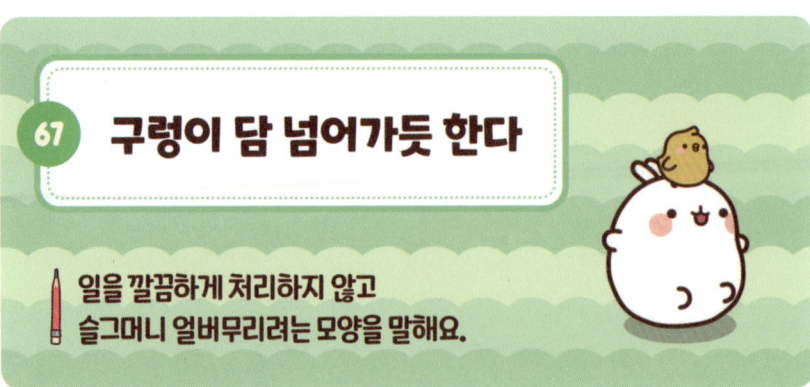

67 구렁이 담 넘어가듯 한다

일을 깔끔하게 처리하지 않고 슬그머니 얼버무리려는 모양을 말해요.

너 쓰레기 분리수거 제대로 했어?

제대로 했는데, 왜?

제대로 했는데 쓰레기 봉투에서 병이 왜 나와.

너 일을 자꾸 **구렁이 담 넘어가듯** 할 거야?

실수할 수도 있지. 넌 실수 안 해?

내가 뭐?

68 까마귀 날자 배 떨어진다

아무런 관계 없는 일에 때가 같아 관계가 있는 것처럼 의심을 받게 되는 상황을 말해요.

다녀왔습니다~!

헉!!

지… 집이 왜 이래?

너저분~

너저분~

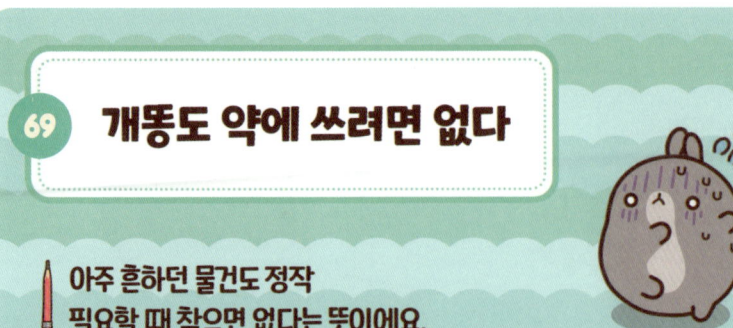

70 도랑 치고 가재 잡는다

한 가지 일로 두 가지 이익을 본다는 뜻이에요.

얘들아~!

얘기 들었어?

몰랑몰랑

속담 만화가 나왔대!!

깡총~ 깡총~

복습 퀴즈 7 다음 그림을 보고 초성의 낱말을 맞혀보세요.

ㅅㅈ이 반찬이다.

☐ ☐

ㄱ이야 옥이야 한다.

☐

번갯불에 ㅋ 볶아 먹겠다.

☐

ㄱㄴㅁ 밑에 누워 감 떨어지기를 기다린다.

☐ ☐ ☐

복습 퀴즈 8

서로 이어지는 말끼리 골라 선으로 이어 보세요.

목마른 놈이 •	• 강산도 변한다.
까마귀 날자 •	• 가재 잡는다.
도랑 치고 •	• 쥐 생각한다.
십 년이면 •	• 넘어가듯 한다.
고양이 •	• 우물 판다.
구렁이 담 •	• 배 떨어진다.

*정답은 164쪽에서 확인하세요.

찾아보기

ㄱ

가뭄에 콩 나듯 한다 ············ 140
가재는 게 편이다 ············ 104
간에 붙고 쓸개에 붙는다 ············ 70
감나무 밑에 누워 감 떨어지기를 기다린다 ··· 150
개구리 올챙이 적 생각 못 한다 ············ 108
개도 먹을 때는 안 건드린다 ············ 16
개똥도 약에 쓰려면 없다 ············ 156
걱정도 팔자다 ············ 34
고양이 목에 방울 달기 ············ 106
고양이 쥐 생각한다 ············ 128
공자 앞에서 문자 쓴다 ············ 56
구렁이 담 넘어가듯 한다 ············ 152
구슬이 서 말이라도 꿰어야 보배 ············ 46
귀신 곡할 노릇 ············ 126
귀신 씻나락 까먹는 소리 ············ 100
금이야 옥이야 한다 ············ 138
김칫국부터 마신다 ············ 76
까마귀 날자 배 떨어진다 ············ 154
꼬리가 길면 밟힌다 ············ 26
꾸어다 놓은 보릿자루 ············ 74

꿩 대신 닭 ············ 136

ㄴ

낙타 바늘구멍 들어가기 ············ 78
남의 잔치에 감 놓아라 배 놓아라 한다 ··· 50
놓친 고기가 더 크다 ············ 110
누워서 떡 먹기 ············ 112
눈 가리고 아옹한다 ············ 58
눈 코 뜰 새 없다 ············ 18
눈에 넣어도 아프지 않다 ············ 82
늦게 배운 도둑질에 날 새는 줄 모른다 ··· 80

ㄷ

단맛 쓴맛 다 보았다 ············ 60
달도 차면 기운다 ············ 84
달밤에 체조한다 ············ 114
도둑이 제 발 저리다 ············ 44
도랑 치고 가재 잡는다 ············ 158
동에 번쩍 서에 번쩍 ············ 28
되로 주고 말로 받는다 ············ 116
둘이 먹다가 하나가 죽어도 모르겠다 ··· 142

따 놓은 당상 · 148
뛰는 놈 위에 나는 놈 있다 · · · · · · · · · 72
뛰어봐야 벼룩이지 · · · · · · · · · · · · · · · · 20
뜻이 있는 곳에 길이 있다 · · · · · · · · · 88

ㅁ
마른 하늘에 날벼락 · · · · · · · · · · · · · · · · 24
매도 먼저 맞는 놈이 낫다 · · · · · · · · · · 90
모기도 낯짝이 있지 · · · · · · · · · · · · · · · · 52
목마른 놈이 우물 판다 · · · · · · · · · · · · 144
못 먹는 감 찔러나 본다 · · · · · · · · · · · · 62
믿는 도끼에 발등 찍힌다 · · · · · · · · · · 32
밑 빠진 독에 물 붓기 · · · · · · · · · · · · · 118

ㅂ
바늘 가는 데 실 간다 · · · · · · · · · · · · · · 36
백 번 듣는 것이 한 번 보는 것만 못하다 · · · · 94
뱁새가 황새 쫓다가 가랑이 찢어진다 · · · · 146
번갯불에 콩 볶아 먹겠다 · · · · · · · · · · 122
벼룩의 간을 내먹는다 · · · · · · · · · · · · · · 64
변덕이 죽 끓는 듯하다 · · · · · · · · · · · · · 94

병 주고 약 준다 · 30
빛 좋은 개살구 · · · · · · · · · · · · · · · · · · · 124

ㅅ
사람 위에 사람 없고 사람 밑에 사람 없다 · · · · 132
사서 고생한다 · 66
산 넘어 산이다 · 22
새 발의 피 · 96
서당 개 삼 년이면 풍월을 읊는다 · · · · 98
설마가 사람 잡는다 · · · · · · · · · · · · · · · · 38
쇠뿔도 단김에 빼라 · · · · · · · · · · · · · · · 102
수박 겉 핥기 · 54
시작이 반이다 · 14
시장이 반찬이다 · · · · · · · · · · · · · · · · · · 130
십 년이면 강산도 변한다 · · · · · · · · · · 134
싸움은 말리고 흥정은 붙이랬다 · · · · 68

ㅇ
아는 길도 물어 가라 · · · · · · · · · · · · · · · 40
아니 땐 굴뚝에 연기 날까 · · · · · · · · · · 42

복습 퀴즈 정답

솜뭉치 잠뿌꿍이 되다

2023년 3월 10일 1판 1쇄 발행
2024년 3월 30일 1판 3쇄 발행

글 찬반꼬
그림 먀자엉

발행인 이정식
편집인 최원영 | 편집장 안예남 | 팀장 이주희
편집 조은정 | 편집디자인 김윤희
디자인 디자인 구기 | 출판마케팅 대원씨아이(주)
주소 서울시 용산구 한강대로15길 9-12
전화편집 02-2071-2153 영업 02-2071-2066 팩스 02-794-7777
등록번호 1992년 5월 11일 등록 제3-563호

979-11-6979-151-9 74030

ⓒ HAYANORI / MILLIMAGES All Rights Reserved.

※ 본 제품은 하야노리스튜디오의 정식 계약에 의해 제작, 판매되므로
무단 복제 시 법의 처벌을 받게 됩니다.
※ 잘못된 책은 구입하신 곳에서 교환해 드립니다.